MÍSTICA E LITURGIA
Beba da fonte!

Coleção Rede Celebra

1. *A Palavra de Deus na liturgia* – Ione Buyst
2. *O ministério de leitores e salmistas* – Ione Buyst
3. *Homilia, partilha da Palavra* – Ione Buyst
4. *O espaço da celebração: mesa, ambão e outras peças* – Regina Céli de Albuquerque Machado
5. *Domingo, dia do Senhor* – Ione Buyst (org.)
6. *Presidir a celebração do dia do Senhor* – Ione Buyst
7. *Pão e vinho para nossa ceia com o Senhor* – Ione Buyst
8. *Mística e liturgia: beba da fonte!* – Ione Buyst
9. *Ofício Divino das Comunidades: uma introdução* – Penha Carpanedo
10. *Participar da liturgia* – Ione Buyst

IONE BUYST

MÍSTICA E LITURGIA
Beba da fonte!

Dados Internacionais de Catalogação na Publicação (CIP)
(Câmara Brasileira do Livro, SP, Brasil)

Buyst, Ione
   Mística e liturgia: beba da fonte! / Ione Buyst. — São Paulo : Paulinas, 2006. — (Coleção rede celebra ; 8)

   Bibliografia.
   ISBN 85-356-1686-1

   1. Celebrações litúrgicas 2. Espiritualidade 3. Igreja Católica – Liturgia 4. Liturgia 5. Misticismo I. Título. II. Série.

05-8949   CDD-264.02

Índice para catálogo sistemático:
1. Mística e liturgia : Igreja Católica : Cristianismo 264.02

1ª edição – 2006

2ª reimpressão – 2018

Citações bíblicas: *Bíblia Sagrada; Nova Tradução na Linguagem de Hoje*. São Paulo, Paulinas, 2005.

Direção-geral: *Flávia Reginatto*
Editora responsável: *Vera Ivanise Bombonatto*
Copidesque: *Cristina Paixão Lopes*
Coordenação de revisão: *Andréia Schweitzer*
Revisão: *Ana Cecilia Mari*
Direção de arte: *Irma Cipriani*
Gerente de produção: *Felício Calegaro Neto*
Ilustrações: *Cerezo Barredo, in: Koinonia, Servicio Bíblico Latinoamericano*
Produção de arte: *Telma Custódio*

Nenhuma parte desta obra poderá ser reproduzida ou transmitida por qualquer forma e/ou quaisquer meios (eletrônico ou mecânico, incluindo fotocópia e gravação) ou arquivada em qualquer sistema ou banco de dados sem permissão escrita da Editora. Direitos reservados.

Paulinas
Rua Dona Inácia Uchoa, 62
04110-020 – São Paulo – SP (Brasil)
Tel.: (11) 2125-3500
http://www.paulinas.com.br – editora@paulinas.com.br
Telemarketing e SAC: 0800-7010081

© Pia Sociedade Filhas de São Paulo – São Paulo, 2006

Sumário

Abreviaturas usadas 7
Introdução 9
   I. Espiritualidade cristã 15
   II. Voltando ao início 19
   III. A mística da reunião litúrgica 25
   IV. A mística da Palavra na reunião litúrgica 31
   V. A mística da oração litúrgica 35
   VI. A mística dos gestos e ações simbólicas 41
   VII. A mística do silêncio 47
   VIII. A mística do tempo próprio para celebrar 51
   IX. O desafio 57

ANEXO
Os quatro passos do método da leitura orante 65

Abreviaturas usadas

CEB Comunidade Eclesial de Base
CNBB Conferência Nacional dos Bispos do Brasil
ODC VV.AA. *Ofício Divino das Comunidades*. 13. ed. São Paulo, Paulus, 2005.
RL   *Revista de liturgia*, São Paulo.
SC   Constituição Conciliar *Sacrosanctum Concilium*, sobre a Sagrada Liturgia. São Paulo, Paulinas, 2003.

Introdução[1]

Hoje em dia, fala-se muito em *mística*. O que é *mística*? E como entendê-la na cultura atual de pluralidade religiosa e teológica e do diálogo inter-religioso? "[...] as experiências místicas das diferentes tradições religiosas continuam sendo experiências de comunhão com Deus e de conhecimento de Deus por experimentação."[2] E qual é a característica da experiência mística no cristianismo? "[...] é a experiência de um Deus encarnado. Fora deste dado central e absolutamente necessário, não há cristianismo".[3] Significa que jamais encontraremos a comunhão com Deus e o amor e o conhecimento de Deus fora da realidade, fora de nossos relacionamentos, fora das experiências, prazerosas e dolorosas, de nossa vida pessoal e social, fora de nossas lutas por uma sociedade de iguais, respeitosa da variedade de pessoas, povos e culturas. Mesmo

---

[1] Cf. BUYST, Ione. Beba da fonte, sobre o lugar da liturgia na espiritualidade cristã. In: SECRETARIADO NACIONAL DO 11º INTERECLESIAL DAS CEBs. *CEBs: Espiritualidade libertadora;* seguir Jesus no compromisso com os excluídos – Texto-base do 11º Intereclesial de CEBs. Belo Horizonte, O Lutador, 2004, pp. 104-113. Texto agora ampliado.

[2] BINGEMER, Maria Clara Luchetti. A mística cristã em reciprocidade e diálogo; a mística católica e o desafio inter-religioso. In: TEIXEIRA, Faustino (org.). *No limiar do mistério;* mística e religião. São Paulo, Paulinas, 2004. p. 37.

[3] Idem, ibidem, p. 68.

tendo experiências de Deus comuns ou semelhantes com as de outras tradições, nossa referência principal, como cristãos, será sempre Jesus Cristo. É por meio dele que somos mergulhados na comunhão da Santíssima Trindade, no mistério de Deus, ao mesmo íntimo e insondável, inefável, infinito.

E qual é o lugar da *liturgia* nesta mística? É na assembléia litúrgica que nos encontramos, mística e comunitariamente, com o Cristo Ressuscitado que nos faz passar com ele da morte para a vida, da escravidão para a liberdade, do apego a nós mesmos para o transbordamento do amor. Ele nos faz juntos e juntas mergulhar no âmago da realidade, intuir o coração da vida, o mistério insondável, inexprimível, presença viva do Deus-Amor no lusco-fusco de nossas buscas e experiências. E nos envia em missão, a serviço do Reino no mundo. Por isso, em toda a trajetória do povo de Deus da antiga aliança, a mística ou espiritualidade está sempre ligada às assembléias, solenes ou cotidianas, que o povo faz, atendendo à convocação de seu Deus para encontrar-se com ele, ouvir sua Palavra e colocá-la em prática, comprometer-se com seu projeto. O povo chora suas dores, implora ajuda, festeja as vitórias, pede perdão, celebra a aliança e sai fortalecido na fé no Deus Libertador. Mas há momentos também em que as liturgias merecem as críticas dos profetas, por não estarem ligadas à realidade do povo, por não engajarem o povo na luta, por não reforçarem o projeto da aliança de Deus. As comunidades da nova aliança reúnem-se para *fazer memória de Jesus* (anamnese), *invocando a ação do Espírito Santo sobre a comunidade* (epiclese). A partir daí, profundamente unidos a Jesus, o Crucificado-Ressuscitado, vivendo e crescendo em sua intimidade, os cristãos se tornam testemunhas vivas do Cristo; anunciam e propagam a boa-nova do Reino de Deus. Os escritos do Novo Testamento nos oferecem indicações preciosas sobre estas reuniões litúrgicas do novo povo de Deus que eram como o coração de sua vida e missão.[4]

E hoje? Como fazer celebrações verdadeiras, autênticas, orantes, proféticas, ligadas à vida e à luta dos pobres, em continuidade com a tradição genuína do povo de Deus? Como fazer para que alimentem nossa espiritualidade, nossa mística, nossa ligação com o Deus da Aliança, o Deus dos pobres, nosso seguimento de Jesus? Como redescobrir a liturgia como *fonte* de nossa espiritualidade cristã, de nossa mística? De fato, muitas vezes a espiritualidade e a liturgia caminham separadas em nossa vida. Isto tem uma explicação histórica: durante séculos, a liturgia ficou confinada nas mãos do clero, era celebrada em latim, com ritos estranhos à cultura dos povos que iam sendo "evangelizados". O povo, impedido de participar da liturgia, foi criando outras formas para expressar seu amor a Deus e sua devoção, como: procissões, terço, via-sacra, danças, folias, congadas... Ao longo dos tempos, foi surgindo uma série de "espiritualidades", a maior parte delas sem ligação com a liturgia.

No início do século XX, o movimento litúrgico, bíblico e ecumênico foi abrindo espaços e colocando as bases para que,

---

[4] A título de exemplo, vejam as seguintes passagens: Lc 24,13-35; At 2,42-47; At 4,23-31; At 13,1-3; At 20,7-12; Rm 3,6-11; 1Cor 10,16-17; 1Cor 11,17-34; 1Cor 12,13; 1Cor 14,26ss; Hb 10,19-25; Ap 5; Ap 7,9-17; Ap 11,15-18; Ap 19.

pouco a pouco, o povo de Deus fosse tomando consciência de sua missão de povo sacerdotal ao celebrar a memória de Jesus Cristo, cantar os louvores de Deus e interceder pelo mundo inteiro, na ardorosa expectativa da vinda do Reino de Deus entre nós. A abertura para as liturgias celebradas na língua do povo, na linguagem poética, musical e gestual própria de cada cultura, com o resgate de expressões da piedade popular, torna possível que o povo volte a beber da liturgia como "primeira e necessária fonte do espírito verdadeiramente cristão" (SC 14).

Este livro procura ajudar na retomada deste caminho místico que tem a liturgia como fonte e ápice, partindo da experiência das comunidades cristãs primitivas, relatada nos Atos dos Apóstolos. Aponta para a atitude mística inerente à assembléia litúrgica, à liturgia da Palavra, à oração litúrgica, ao silêncio, aos gestos e ações rituais, ao tempo litúrgico. E, no final, sintetiza os desafios que nos esperam ao voltar à liturgia como fonte da mística.

Após cada capítulo, os leitores encontrarão: 1) perguntas *para trocar idéias*; 2) indicação de textos bíblicos ou litúrgicos *para meditar* (vejam no anexo uma breve introdução ao método da leitura orante); 3) sugestão para uma *vivência* relacionada com o assunto tratado. Dessa forma, o livro poderá ser útil não somente para as equipes de liturgia e todas as pessoas envolvidas na pastoral litúrgica, mas também para os encontros catequéticos, de aprofundamento da fé e da espiritualidade. Poderá trazer, ainda, inspiração para retiros baseados na liturgia.

Para trocar idéias

1. Onde alimento (alimentamos) minha (nossa) mística ou espiritualidade?
2. Na tradição bíblica, as celebrações têm algum papel na espiritualidade? Qual?
3. Por que alguns profetas criticaram algumas liturgias?
4. Por que a espiritualidade ficou tanto tempo separada da liturgia e o que foi colocado em seu lugar?

Para meditar[5]

- Dt 4,10 – "Reúna esse povo na minha presença para que escutem o que vou dizer, a fim de que aprendam a temer-me a vida inteira e assim ensinem os seus filhos".

- 1Pd 2,9-10 – "Vocês são a raça escolhida, os sacerdotes do Rei, a nação completamente dedicada a Deus, o povo que pertence a ele. Vocês foram escolhidos para anunciar os atos poderosos de Deus que os chamou da escuridão para a sua maravilhosa luz. Antes vocês não eram o povo de Deus, mas agora são o seu povo; antes não conheciam a misericórdia de Deus, mas agora já receberam a sua misericórdia".

- "Reúne o teu povo, Senhor nosso Deus!
  Reúne os eleitos de toda a terra
  para viver a união do Espírito Santo, teu dom,
  para louvar, bendizer e cantar teu amor!"
  (ODC, p. 282).

---

[5] Vejam a introdução ao método da leitura orante, no anexo.

Vivência

Analisem o texto e depois cantem com muita atenção e com o coração em Deus, se possível ao redor de um ícone do Cristo Ressuscitado:

Canta, meu povo! Canta o louvor de teu Deus
Que se fez homem e por nós morreu,
Que ressuscitou pelo amor dos seus.

1. Somos a nação santa e o povo eleito,
   Um sacerdócio real.
   Deus nos chamou das trevas à sua luz,
   Sua luz imortal.

2. Nós somos transportados da morte à vida
   Pelo amor dos irmãos.
   Nós amamos até nossos inimigos,
   É a lei do cristão.

3. Senhor Jesus, já não sou mais eu que vivo,
   Tu vives em mim.
   O meu desejo é um dia ver a tua face,
   Na glória sem fim.

I. Espiritualidade cristã

Quando falamos de "espiritualidade", de que estamos falando? "Espiritualidade" diz respeito à vida espiritual. Parte do princípio de que no ser humano há uma dimensão que ultrapassa as dimensões biológica, psíquica, mental. E, assim como as outras três dimensões, esta dimensão espiritual necessita ser alimentada e cultivada. Por isso, em grau menor ou maior, em todas as culturas encontramos tradições espirituais, com métodos que ajudam as pessoas a crescer espiritualmente ao longo da vida.[6] Para nós, cristãos, esta vida espiritual é "vida no Espírito de Jesus Cristo". O Espírito acende em nós o amor, a paixão por Jesus Cristo e nos leva a pautar toda a nossa vida pela intimidade com ele. "A espiritualidade cristã, que é o seguimento de Jesus, se alimenta de uma verdadeira paixão por ele, de uma amizade singular [...] de uma compenetração intimíssima, comunhão mesmo."[7] Nós o amamos; e embora não o tenhamos

---

[6] A título de exemplo: "Os guarani têm uma forma especial de ser. É o chamado *Ñande Rekó* (algo como 'a nossa forma de ser'). Segundo eles, o bom guarani é aquele que vive de acordo com o *Ñande Rekó*. E é por meio dele que se atinge o *Aguyje*, um estado de elevação espiritual que os ajuda a deixar a 'Terra Imperfeita' (*Ywy-Ahty*) para atingir a 'Terra sem Mal' (*Ywy-Mãraey*). As palavras e os cantos são, neste contexto, importantes instrumentos que os auxiliam a viver de acordo com esta 'forma de ser guarani'". Pedro Peduzzi, Encontro de Pajés fortalece educação tradicional Guarani. In: FUNAI, *Brasil Indígena*, Brasília, Ano II, n. 13, nov./dez. 2002. pp. 42-44.

[7] CASALDÁLIGA, Dom Pedro. Nosso Deus tem um sonho e nós também; carta espiritual às comunidades. In: 10º Encontro Intereclesial, Ilhéus (BA), 11-15 de julho 2000,

visto, nele cremos e nosso coração transborda de uma alegria que não cabe em palavras (cf. 1Pd 1,8). Esta vida no Espírito supõe a troca da velha natureza (o "homem velho") pela nova (o "Homem Novo"), como o expressa são Paulo:

> ... abandonem a velha natureza de vocês, que fazia com que vocês vivessem uma vida de pecados e que estava sendo destruída pelos seus desejos enganosos. É preciso que o coração e a mente de vocês sejam completamente renovados. Vistam-se com a nova natureza, criada por Deus, que é parecida com a sua própria natureza e que se mostra na vida verdadeira, a qual é correta e dedicada a ele (Ef 4,22-24).

Supõe, portanto, uma mudança de vida que vai exigir de nós opções bem concretas, escolhas e renúncias. É preciso escolher entre a vida na "carne" e a vida no Espírito. Vale a pena reler o que escreve na carta aos Gálatas (5,19-23):

> As coisas que a natureza humana produz são bem conhecidas. Elas são: a imoralidade sexual, a impureza, as ações indecentes, a adoração de ídolos, as feitiçarias, as inimizades, as brigas, as ciumeiras, os acessos de raiva, a ambição egoísta, a desunião, as divisões, as invejas, as bebedeiras, as farras e outras coisas parecidas com essas. [...] Mas o Espírito de Deus produz o amor, a alegria, a paz, a paciência, a delicadeza, a bondade, a fidelidade, a humildade e o domínio próprio.[8]

CEBs: Povo de Deus, 2000 anos de caminhada; Texto-base. Paulo Afonso, Fonte Viva, 1999, p. 75.

[8] Vejam também Rm 6,5-7; Rm 8,1-17.

A meta: a libertação de tudo aquilo que nos escraviza, a identificação com Jesus Cristo (cf. Gl 2,20: "Já não sou eu quem vive, mas Cristo é quem vive em mim") e a plena maturidade na fé e no amor.

Normalmente, deveríamos ser *introduzidos, iniciados,* nesta "vida no Espírito de Jesus Cristo": primeiro, por um despertar para o sentido profundo da vida, no contato com o Evangelho; depois, por um caminho catecumenal que nos faz penetrar pouco a pouco na vida e na missão da comunidade; e, finalmente, pela celebração dos ritos de iniciação cristã, ou seja, batismo, crisma, eucaristia. Não vamos, neste momento, nos concentrar nesta fase de iniciação que nos falta na maior parte das vezes![9] Mas vamos à etapa seguinte, que é a do crescimento e da progressiva mudança e maturação no Espírito.

Para trocar idéias

1. Qual é o trabalho que o Espírito Santo realiza em nós?

2. Qual é a "mudança de vida" que ele provoca?

3. Como anda a minha (nossa) vida espiritual?

---

[9] Vejam a proposta pedagógico-pastoral do Rito de Iniciação Cristã de Adultos, esmiuçada e apresentada por Pe. Domingos Ormonde, em vários números da *Revista de liturgia*, São Paulo, 2001, 2002, 2003.

Para meditar

- Cf. Sb 1,7 – "O Espírito do Senhor o universo todo encheu. Tudo abarca em seu saber, tudo enlaça em seu amor, Aleluia, aleluia, aleluia, aleluia!"
(entrada da missa de Pentecostes; refrão do Salmo 68, ODC, p. 87).

- Ef 1,3 – "Bendito seja Deus, Pai do Senhor, Jesus Cristo, Por Cristo nos brindou todas as bênçãos do Espírito" (ODC, p. 254).

Vivência

Formem um círculo. Façam silêncio em seu coração. Respirem várias vezes, conscientemente. Cantem várias vezes seguidas, como prece ardorosa: "A nós descei, divina luz, em nossas almas acendei o amor, o amor de Jesus...",[10] prestando atenção à letra, à melodia, à união das vozes, entregando-se de corpo e alma àquele pedido, preparando-se para a ação do Espírito Santo em nós. Depois de um breve silêncio, alguém (avisado de antemão) faz uma rápida oração, espontânea, finalizando este momento.

---

[10] Se quiserem, cantem também as estrofes: ODC, p. 345.

II. Voltando ao início

Voltemos à descrição da vida cristã nos Atos dos Apóstolos.[11] A vida no Espírito, que leva os cristãos a crescer na intimidade com Jesus e a sair em missão para anunciar a boa-nova, tem um "centro", um "eixo": a pequena comunidade que se reúne nas casas. E o que acontece nessas reuniões? A breve passagem bíblica de Atos 2,42-43 é considerada "paradigmática", ou seja, é como um resumo, uma síntese exemplar da vida dos primeiros cristãos: "E todos continuavam firmes, seguindo os ensinamentos dos apóstolos, vivendo em amor cristão, partindo o pão juntos e fazendo orações. Os apóstolos faziam muitos milagres e maravilhas e por isso todas as pessoas estavam cheias de temor". Destaquemos três elementos: a) o próprio fato de se reunir e a vida em amor cristão, a comunhão fraterna (*koinonia*, que inclui a comunhão de bens, para que ninguém passe necessidade); b) os ensinamentos dos apóstolos (*didaché*), isto é, a transmissão ou tradição apostólica de tudo o que Jesus fez e ensinou (cf. At 1,1); c) a fração do pão e as orações, ou seja, a eucaristia ou ceia do Senhor (que era celebrada nas casas durante uma refeição) e as orações da comunidade (*leitourgia*).

---

[11] Para as referências aos Atos dos Apóstolos, vejam: RICHARD, Pablo. *O movimento de Jesus depois da ressurreição;* uma interpretação libertadora dos Atos dos Apóstolos. São Paulo, Paulinas, 1999 (Col. Estudos Bíblicos); CANTALAMESSA, Raniero. *O mistério de Pentecostes.* Aparecida (SP), Santuário, 1998. pp. 45-70.

E estes três elementos desembocam, por assim dizer, na missão, no testemunho (*martyria*) na sociedade: milagres e maravilhas, prodígios e sinais.

Estão aí os elementos que caracterizam (ou deveriam caracterizar) a *vida litúrgica* de uma comunidade cristã, como fonte de espiritualidade. Sem dúvida, as CEBs resgataram a maneira de ser Igreja dos inícios: comunidades vivas de comunhão e participação, cultivando a memória de Jesus na escuta da Palavra, na ação de graças (celebração eucarística), na oração e na ação pastoral, empenhadas na organização dos pobres e na transformação libertadora da realidade. Em um projeto de Igreja desta natureza, é possível resgatar a espiritualidade que brota da celebração comunitária da fé.

Pensemos isso na realidade concreta de uma comunidade hoje:

a) Os cristãos se *reúnem*, principalmente aos domingos, Dia do Senhor, ao redor do Cristo Ressuscitado para celebrar o mistério pascal, para fazer memória da morte-ressurreição de Jesus. Praticam entre si, de alguma forma (umas mais, outras menos), o "bem comum", a partilha, para que ninguém passe necessidade;

b) As *leituras bíblicas* são lidas e interpretadas, Deus anuncia sua palavra de salvação dentro do contexto de nossa vida com suas alegrias e tristezas, esperanças e desilusões, acertos e desacertos, indicando o rumo de nossas vidas e da missão do povo de Deus. Ouvimos "o que o Espírito diz às Igrejas" (cf. Ap 2 e 3);

c) Em meio às *orações* de súplica e intercessão, de louvor e de ação de graças, realiza-se a "fração do pão", a *ceia do Senhor* – a liturgia eucarística – ou, na falta dela, a ação de graças, seguida, às vezes, de uma partilha de alimentos, na alegria e na simplicidade. Podemos ainda cantar e dançar, assim como orar em silêncio, deixando-nos impregnar pelo mistério celebrado.

Aí está o núcleo do "método" espiritual dos cristãos! Aí estão os "exercícios espirituais" deixados pela tradição! Aí está a espiritualidade da Igreja! Trata-se de uma espiritualidade bíblica, comunitário-eclesial, cristocêntrica, pneumática, simbólico-sacramental... que nos leva a viver e testemunhar a vida nova, o mundo novo que Cristo veio inaugurar. Com as "antenas" do Espírito ligadas e com as Escrituras Sagradas como ponto de referência, *a comunidade reconhece a presença escondida* de Deus, a atuação do Ressuscitado e de seu Espírito transformador em nossa vida, em nosso mundo, em meio às contradições, em meio às idas e voltas da história. Reconhece e agradece, louva, professa sua fé, compromete-se com o Reino. Reconhece e pede, intercede. Reconhece e, por isso, cultiva o amor, a relação de intimidade, de familiaridade, a que Deus nos convida. Contempla, extasia-se na alegria pascal. Participando da ação ritual que expressa o mistério de nossa fé, participamos da vida do Ressuscitado. Tomados pelo seu Espírito, somos identificados com Cristo em sua morte-ressurreição; podemos comungar de sua vida divina, de sua comunhão com o Pai, na unidade do Espírito Santo, que nos impulsiona para a perfeição da vida cristã, para o testemunho e para a missão.

Não basta conhecer [a Deus] com a cabeça, friamente, lendo, estudando. É preciso entrar em contato com Deus, pela oração. Se não há oração, não há fé viva; se não há oração, não há vida cristã. A nossa espiritualidade é mais do que a oração só; porque a espiritualidade é toda a vida da gente vivida na fé e no amor. Porém [...] esta é a primeira regra da espiritualidade: fazer oração e fazer bem a oração. [...] Quem não faz meia hora diária [sic] de oração está fora de jogo na caminhada do Reino. Quando muito estará na reserva. Pode-se orar em casa, no ônibus, com a Bíblia, num silêncio de escuta, rezando louvores. [...] Participando de verdade na oração oficial da Igreja, que é a liturgia – a eucaristia sobretudo: testamento de Jesus, lição definitiva para nossa vida: "Façam isto em memória de mim..."[12]

Para trocar idéias

1. O que as nossas comunidades têm em comum com as comunidades primitivas (conforme os Atos dos Apóstolos)?

2. Como era a vida espiritual dos primeiros cristãos? Qual o papel que a liturgia tinha nesta vida espiritual?

3. A minha (nossa) vida espiritual se alimenta da liturgia (celebração eucarística, celebração dominical da Palavra, ofício divino etc.)?

---

[12] CASALDÁLIGA, op. cit., p. 79.

Para meditar

- Jo 14,19-20 – "Daqui a pouco, o mundo não me verá mais, mas vocês me verão. E, porque eu vivo, vocês também viverão. Quando chegar aquele dia, vocês ficarão sabendo que eu estou no meu Pai e que vocês estão em mim, assim como eu estou em vocês".

- 1Pd 1,8 – "Vocês amam Jesus Cristo, mesmo sem o terem visto, e crêem nele, mesmo que não o estejam vendo agora. Assim vocês se alegram com uma alegria tão grande e gloriosa que as palavras não podem descrever".

- Outros textos: At 4,23-31; At 20,7-12.

Vivência

Façam uma reunião no estilo das primeiras comunidades: com um momento de acolhida mútua na chegada; com uma recordação da vida (partilhando os acontecimentos importantes do dia ou da semana...); com aprofundamento de um texto bíblico, ligando-o com nossa realidade pessoal e social; com preces e orações; com uma partilha simples de comes e bebes, tomados em ação de graças, para fortalecer nossa união em Cristo.

III. A mística da reunião litúrgica

É domingo, Dia do Senhor. Uma por uma, ou em pequenos grupos, as pessoas chegam para a reunião. Ela acontece numa casa, ou na capela ou igreja da comunidade, ou debaixo de uma árvore, ou na praia... Pouco importa o local, o que não pode faltar é a reunião. Pouco importa o tamanho da assembléia, se somos muitos ou poucos: somos povo de Deus, corpo de Cristo, templo do Espírito Santo. Em cada rosto, Cristo nos acolhe; em cada cumprimento, em cada abraço de acolhida recebo e sou recebida pelo Senhor. Seu Espírito vai tecendo os laços que nos unem a ele, ao Pai e entre nós. "Bendito seja Deus que nos reuniu no amor de Cristo!" Somos diferentes, temos dificuldades de relacionamento, há tensões e até brigas na comunidade, mas o momento da reunião litúrgica é um imperativo: é Deus quem está convocando para a comunhão. É momento de reconciliação nele.

Ao aclamar a Deus, ao invocar o nome de Jesus, ao entoar nossos louvores e fazer subir ao Senhor nossas súplicas, estamos expressando e afirmando: Deus é o centro de nossa vida, o objeto de nosso desejo mais profundo, a finalidade de nossa busca. E é o próprio Senhor que fez nascer e crescer em nosso coração esta busca, este desejo do encontro com ele. E, ao mesmo tempo, ele se faz presente e enche nosso coração de alegria e reconhecimento: "Ele está no meio de nós!". De fato, Cristo está presente quando a comunidade ora e salmodia (SC 7), pois ele disse: "Onde dois ou três estão juntos em meu nome, eu estou ali com eles" (Mt 18,20).

Várias pessoas se dispõem a fazer os serviços necessários para o bom andamento da celebração: preparar o local, o roteiro da celebração, os cantos, as leituras, a homilia..., presidir a celebração em nome de Cristo. Irmãos servindo irmãos. Somos um povo todo ele ministerial.

No fim de uma semana de trabalho, de correria, de dificuldades, de violências, de preocupação com o desemprego, encontramos na reunião da comunidade, a convite de Jesus, um momento de descanso, de alegria, de consolo, de discernimento, de profissão da fé na vida que vence a morte. É tempo de retomada do sonho do Reino, de renovação do compromisso batismal. É tempo de ressurreição, de pentecostes.

Em uma sociedade caracterizada por dominação, exclusões, luta por poder, nossa assembléia é chamada a ser como uma parábola e um ensaio do tipo de convivência que buscamos para toda a sociedade: no diálogo, na convivência igualitária, no reconhecimento mútuo. "Quem estava sozinho, família encontrou" canta o Salmo 68,7 na versão do *Ofício Divino das Comunidades*: a solidão dá lugar à comunhão. Somos convidados a ouvir e interpretar juntos as leituras bíblicas, a discernir o pensamento do Senhor para a nossa realidade, a cantar e orar a uma só voz, a dançar no mesmo passo, a nos abraçar no amor de Cristo, a partilhar fraternalmente o pão e o vinho.

A reunião litúrgica, principalmente a celebração do domingo, Dia do Senhor, é chamada a ser um marco na vida e na missão da comunidade, uma Páscoa semanal, fazendo memória da Páscoa de Jesus e celebrando nele nossa própria Páscoa, nossa passagem da morte para a vida: "Páscoa de Cristo na Páscoa da gente, Páscoa da gente na Páscoa de Cristo".[13] É o encontro da comunidade com seu Amado, seu Noivo, seu Esposo, o Cristo Ressuscitado.

---
[13] CNBB. *Animação da vida litúrgica no Brasil*. São Paulo, Paulinas, 1989 (Documento, 43), n. 300.

O local onde celebramos acaba impregnado da mesma mística do povo santo e sacerdotal que aí se reúne. Por mais simples e despojado que seja, é antecipação da Cidade santa, da Nova Jerusalém, pronta como uma esposa que se enfeitou para o marido. É a tenda de Deus com a humanidade; ele enxugará toda lágrima dos seus olhos, pois nunca mais haverá luto, nem grito, nem dor, porque ele declarou: "Eis que faço novas todas as coisas!" (cf. Ap 21,2-5). O carinho com o qual construímos, organizamos, limpamos e enfeitamos nossas igrejas e capelas é uma expressão de fé, amor e carinho pelo Senhor e pela comunidade que ele vem visitar.

Para trocar idéias

1. Por que não basta fazermos orações em casa, cada um e cada uma por si? Por que precisamos nos reunir em comunidade para celebrar juntos, principalmente aos domingos?

2. Quem nos reúne? Por quê? Para quê?

3. Que importância tem a celebração do domingo para nossa missão na sociedade?

4. O local onde nossa comunidade se reúne para celebrar (igreja, capela...) nos ajuda a viver a mística da reunião litúrgica? Como? O que poderia melhorar?

Para meditar

- "Bendito seja Deus que nos reuniu no amor de Cristo!" (saudação inicial da missa).

- Sl 122(121) – "Fiquei foi contente com o que me disseram: 'A gente vai pra casa do Senhor!'" (ODC, p. 160).

- Fl 2,1-5 – "Por estarem unidos com Cristo, vocês são fortes; o amor dele os anima, e vocês participam do Espírito de Deus. E também são bondosos e misericordiosos uns com os outros. Então, peço que me dêem a grande satisfação de viverem em harmonia, tendo um mesmo amor e sendo unidos de alma e mente. Não façam nada por interesse pessoal ou por desejos tolos de receber elogios, mas sejam humildes e considerem os outros superiores a vocês mesmos. Que ninguém procure somente seus próprios interesses, mas também os dos outros. Tenham entre vocês o mesmo modo de pensar que Cristo Jesus tinha...".

- Ap 19,7-8 – "Porque chegou a grande festa
e o Cordeiro vai se casar;
A sua esposa, vestida em linho,
já está pronta pra se encontrar!"
(ODC, p. 263).

Vivência

Façam uma roda e cantem dançando: "Oi, que prazer, que alegria, o nosso encontro de irmãos(irmãs)!" – Sl 133(132), ODC, p. 176. (Alguém do grupo ensaia, de antemão, alguns passos bem simples para que todos possam acompanhar.)

IV. A mística da Palavra na reunião litúrgica[14]

Reunidos, de que maneira fazemos memória de Jesus? Em primeiro lugar, ouvimos e interpretamos os textos bíblicos a partir de nossa realidade. A experiência ensina que quanto maior for a participação de todos e todas na partilha da Palavra, maior será a chance de ela produzir fruto no coração e na vida de cada participante.

Não se trata de uma atividade intelectual apenas. *É Cristo que fala quando se lêem as Sagradas Escrituras na comunidade*

---

[14] Vejam também Coleção Rede Celebra, nn. 1, 2, 3: *A Palavra de Deus na liturgia; O ministério de leitores e salmistas; Homilia, partilha da Palavra.* São Paulo, Paulinas.

reunida (SC 7). Por isso, devemos receber essa Palavra como vinda de Alguém que nos quer bem e a quem queremos bem. É palavra de coração a coração!

Afinal, aonde deve nos levar a leitura dos textos bíblicos e sua interpretação? Em primeiro lugar, Deus quer revelar-se a nós, pelo conhecimento de seu Filho Jesus Cristo, no Espírito Santo. "Ignorar as Escrituras é ignorar o Cristo" dizia são Jerônimo. Por isso, a leitura se faz em profundo clima de humildade e gratidão, pois "Ninguém sabe quem é o Filho, a não ser o Pai, e ninguém sabe quem é o Pai, a não ser o Filho e também aqueles a quem o Filho quiser mostrar quem o Pai é" (Lc 10,22). Mas este conhecimento nos leva também a conhecer melhor a nós mesmos e à tarefa que Deus nos reservou de continuar a missão messiânica de Jesus, de contribuir na transformação pascal das pessoas e de toda a realidade, no seguimento de Jesus Cristo. Por isso, procuramos, em uma profunda atitude de escuta, discernir os acontecimentos à luz de nossa fé em Cristo, o Crucificado-Ressuscitado. Procuramos ouvir atentamente a palavra viva que o Senhor nos confia hoje, dentro da realidade de nossa vida pessoal e social, e o apelo de mudança que nos dirige. E o próprio Espírito, que nos ajuda a entender os acontecimentos da vida pessoal e social à luz da fé, suscita também em cada participante uma resposta ao Senhor.

A liturgia da Palavra torna-se, assim, um momento privilegiado do diálogo da aliança entre Deus e seu povo, a serviço da salvação de toda a humanidade, de toda a realidade criada. É anúncio da salvação universal! E nós somos convocados para ajudar nessa tarefa. A leitura individual da Bíblia é um precioso complemento da leitura litúrgica em comunidade, mas jamais poderá se tornar sua substituta.

Para trocar idéias

1. De que maneira Deus fala na comunidade reunida para celebrar?

2. De que Deus nos fala? Por quê?

3. A liturgia da Palavra em nossa comunidade está sendo, de fato, um diálogo do Senhor com seu povo?

4. Ela nos leva a mudar de vida e a assumir nossa missão como cristãos na sociedade? Sim? Não? Por quê?

Para meditar

- Lc 4,21 – "Hoje se cumpriu o trecho das Escrituras Sagradas que vocês acabam de ouvir".

- Lc 24,32 – "Não parecia que o nosso coração queimava dentro do peito quando ele nos falava na estrada e nos explicava as Escrituras Sagradas?".

- Lc 24,44 – "Enquanto ainda estava com vocês eu disse que tinha de acontecer tudo o que estava escrito a meu respeito na Lei de Moisés, nos livros dos Profetas e nos Salmos".

- Tg 1,22-23 – "Não se enganem: não sejam apenas ouvintes dessa mensagem, mas a ponham em prática. Porque aquele que ouve a mensagem e não a põe em prática é como uma pessoa que olha no espelho e vê como é. Dá uma boa olhada, depois vai embora e logo esquece a sua aparência".

- Outros textos: Lc 4,16-21; Lc 24,13-45.

Vivência

1. Analisem o texto do seguinte canto:
"Tua palavra é lâmpada para meus pés, Senhor!
Lâmpada para meus pés e luz, luz para meu caminho!"
(Sl 119[118],105).

2. Ensaiem, prestando atenção à melodia, ao ritmo...

3. Coloquem a Bíblia, aberta, no meio do grupo, acendam uma vela, repitam o canto várias vezes, orando.

4. Partilhem: Em algum momento de minha vida a Palavra de Deus iluminou meu caminho? Após cada fala, retomem o canto.

5. Terminem com uma oração espontânea, agradecendo ao Senhor por sua Palavra viva que ilumina nossa vida.

V. A mística da oração litúrgica

O diálogo entre o Senhor e seu povo passa-se em clima de profunda oração. A comunidade reunida deve poder dizer honestamente: "O nosso coração está em Deus!". Há orações, salmos, hinos e cânticos transmitidos e curtidos de geração em geração, como um tesouro precioso para expressar e transmitir a fé. Entre outros, temos o *Pai-Nosso...*, a abertura dos ofícios divinos, *Luz radiante*,[15] o *Glória*, o *Santo...*, *Cordeiro de Deus...* Porém, não podemos cantá-los ou recitá-los distraidamente; devem brotar de dentro do coração, encher nossa alma de gozo e fervor. Nosso coração e nossa mente devem acompanhar aquilo que nossa boca proclama. Nesse sentido, a oração comunitária é ao mesmo tempo uma oração profundamente pessoal. Além disso, ao longo de toda a celebração há momentos de silêncio para uma oração "cara a cara" com Deus, particularizando a oração comunitária; por exemplo: antes do ato penitencial, após cada "oremos", após as leituras, a homilia, a comunhão eucarística, após cada salmo do *Ofício Divino...*

A oração perpassa toda a celebração litúrgica; é a atitude de fundo com a qual entramos na igreja, cumprimentamos as pessoas, fazemos os gestos de oração, ouvimos a Palavra, comemos do pão e bebemos do vinho da eucaristia... Mas convém

---

[15] Cf. ODC, p. 265.

ressaltar sua dependência da escuta da Palavra. Na tradição cristã, assim como na tradição judaica, a proclamação e interpretação das leituras bíblicas são o chão de onde brota a oração. Os salmos são as duas coisas ao mesmo tempo: são Palavra de Deus e palavra de nossa oração! Felizmente, hoje estamos redescobrindo o valor destas poesias cantadas, tanto para a oração pessoal como, principalmente, para a celebração comunitária. Pouco a pouco, o salmo tem sido valorizado na celebração da Palavra e, com a divulgação do *Ofício Divino das Comunidades,* o povo começa a se familiarizar de novo com as expressões milenares que alimentaram a fé de centenas de gerações de judeus e cristãos, nos momentos de felicidade e, principalmente, nos momentos de dificuldade da vida: de doença, perseguição, traição, injustiça e inimizade.

Aprendemos com a tradição litúrgica a cantar os salmos unidos a Cristo. É ele o primeiro cantor dos salmos. Expressa diante do Pai sua fidelidade, mas também sua angústia e sua dor. Nós unimos nossa voz à dele. Deixamos que seu Espírito faça vibrar as cordas de nosso coração e nossa mente. Percorrendo cada verso com atenção amorosa, cantamos a partir de nossa experiência de vida, na qual reconhecemos traços da experiência de Jesus Cristo. Expressamos a dor e o sofrimento de toda a humanidade; elevamos a Deus também o desejo e a alegria, as experiências de comunhão e de transformação que acontecem no mundo inteiro.

Na medida do possível, os salmos deveriam ser sempre cantados. Seu próprio nome indica isso; de fato, "salmo" vem de "saltério", um instrumento musical de cordas que acompanha essas poesias orantes que brotaram da relação de confiança e fidelidade entre Deus e seu povo. Em toda a liturgia, aliás, a música, cantada ou tocada nos instrumentos, é uma ajuda preciosa para a oração comunitária e pessoal. Daí a importância de escolher cantos adequados a cada momento da celebração e de cantar e tocar de tal modo que ajude toda a comunidade a se unir mais estreitamente à ação litúrgica que se está realizando. É preciso cantar "no Espírito". A música na liturgia não é para ser enfeite ou diversão! É para expressar a ação pascal de Cristo em nossa vida e, assim, possibilitar nossa participação nela.

Para trocar idéias

1. Para orar de verdade, basta recitar fórmulas de oração? O que é preciso para fazer uma oração litúrgica de verdade?

2. O que é um salmo? De onde vem?

3. Como podemos cantar os salmos "unidos a Cristo"?

4. A música na liturgia de nossa comunidade é escolhida de acordo com cada momento da celebração e com o tempo litúrgico? Ajuda-nos a viver espiritualmente cada um desses momentos?

Para meditar

- 1Tm 2,1-2 – "Peço que sejam feitas orações, pedidos, súplicas e ações de graças em favor de todas as pessoas. Orem pelos reis e por todos os outros que têm autoridade para que possamos viver uma vida calma e pacífica, com dedicação a Deus e respeito aos outros".

- Sl 40(39) – "Ele pôs na minha boca um canto novo, um louvor a nosso Deus irei cantar" (ODC, p. 62).

- Sl 72(71) – "Ao pobre que o invoca ele liberta, e àquele que ninguém quer ajudar. Do fraco e do pequeno ele tem pena, e a vida da pobreza há de salvar" (ODC, p. 89).

- Sl 130(129) – "Do fundo do meu penar chamo por ti, chamo por ti, chamo por ti, Senhor, escuta o meu clamor!" (ODC, p. 171).

Vivência

1. Cada pessoa diz qual é seu salmo preferido e por quê.

2. Escolham um destes salmos e leiam na Bíblia ou cantem (por exemplo, do ODC), prestando atenção a cada palavra, fazendo delas sua própria oração, dirigida de coração a nosso Deus.

3. No final, deixem um silêncio para a oração pessoal.

4. Quem quiser pode retomar (ou comentar brevemente) um verso do salmo que mais o tocou.

5. Alguém termina com uma "oração sálmica", ligando o salmo com a vida.

VI. A mística dos gestos e ações simbólicas

A expressão mais forte, mais central, mais profunda de nossa relação com Deus, por Jesus Cristo, no Espírito Santo, é a ceia do Senhor, a eucaristia. Dando graças a Deus pela salvação, realizada na pessoa de Jesus Cristo uma vez por todas, invocamos o Espírito Santo sobre o pão e o vinho, partimos e partilhamos este pão e juntos bebemos este vinho. São para nós, que os recebemos na fé, o corpo e o sangue de Cristo, sua vida entregue para a salvação do mundo, sinal de comunhão com o Pai e entre nós, sinal da unidade que desejamos e que Deus prometeu para o mundo inteiro.

Celebrar a ceia do Senhor é anunciar sua morte, proclamar sua ressurreição, aguardar esperançosamente a vinda do Reino (cf. 1Cor 11,26). É estampar um sinal profético de uma sociedade renovada na qual se pratica a economia solidária, na qual é eliminada a fome, a miséria, a guerra, a dominação de uma nação sobre outra. É sinal de que, um dia, todos os seres humanos, todos os povos, todas as culturas reconhecerão uns nos outros, agradecidos, o rosto do Pai comum. Por isso é tão importante que se apresse o dia em que todas as Igrejas cristãs possam, reconhecida e oficialmente, partilhar a mesa eucarística como testemunho de unidade diante da sociedade, assim como partilhamos a mesa da Palavra e reconhecemos um mesmo batismo realizado em várias Igrejas.

Em um mundo marcado pela ganância, por um sistema que faz crescer os ricos e empobrecer ainda mais os pobres, comungar na ceia eucarística é um gesto político: "Receber a comunhão com este povo sofrido é fazer a aliança com a causa do oprimido". É um gesto de compromisso, de mudança de vida: comer do pão e beber do vinho da eucaristia sem se comprometer com a solidariedade, com o bem comum, é truncar o sentido da ceia do Senhor ou, como diz são Paulo, é comer e beber sua própria condenação (cf. 1Cor 11,29).

Na verdade, na ceia eucarística fica bem evidente que a espiritualidade cristã passa necessariamente pela corporeidade, pela ação ritual realizada em comum com gestos e palavras, para fazer memória de Jesus. O Verbo que se manifestou "naquele tempo", que ergueu seu barraco no meio dos nossos, continua a se manifestar hoje nas ações litúrgicas, colocando-se ao alcance de nossas mãos, de nossos ouvidos, de nossos olhos, para que possamos – olhando, ouvindo e tocando – reconhecê-lo, sermos transformados pelo seu Espírito e viver em comunhão com ele e com o Pai (cf. 1Jo 1,1-4). Isso vale não somente para a eucaristia, mas igualmente para o batismo, a celebração da Palavra, o canto do ofício divino, os gestos, a dança, a organização do tempo e do espaço. Para nós, cristãos, o corpo é templo do Espírito Santo. Por isso, precisamos aprender a realizar cada ação ritual com o máximo de atenção, de presença, de consciência do corpo em sua relação com a mente, o afeto, o espírito e o Espírito, com o mistério que habita cada ação ritual. Devemos estar prontos para a experiência espiritual por meio da participação (ativa, consciente, frutuosa, plena) da ação ritual. Podemos chamar isso de *experiência litúrgica*,¹⁶ que deverá nos levar a uma participação cada vez mais comprometida na missão dos discípulos e discípulas de Cristo na sociedade atual.

A manifestação na liturgia não é a única forma de presença do Ressuscitado: ele está presente em sua Igreja, está

---

[16] Cf. BUYST, Ione. Experiência litúrgica. In: BUYST, Ione. *Pesquisa em liturgia;* relato e análise de uma experiência. São Paulo, Paulus, 1994, cap. 1; Id. Barro e brisa, convite à experiência religiosa ritual. In: ANJOS, Márcio Fabri dos (org.) *Teologia em mosaico.* São Paulo, Santuário, 1999. pp. 235-247.

presente no pobre, no injustiçado, no faminto, no encarcerado, no estrangeiro (cf. Mt 25,31-46). Na liturgia, no entanto, cultivamos a expressão "fundante", a que o próprio Jesus nos deixou – "Façam isto para celebrar a minha memória" – e que se torna ponto de referência para outras manifestações do Senhor.

Para trocar idéias

1. Por que a ceia do Senhor (celebração eucarística) é a celebração central da comunidade e da vida de cada cristão e cristã?

2. O que a eucaristia nos ensina a respeito de nossa vida em sociedade?

3. Por que precisamos orar e celebrar não somente com o coração, mas também com o corpo, com gestos e ações simbólicas?

Para meditar

- 1Jo 1,1 e 3 – "Nós ouvimos [a Palavra da Vida que existiu desde a criação do mundo] e nós a vimos com nossos próprios olhos. De fato, nós a vimos e as nossas mãos tocaram nela. [...] Contamos a vocês o que vimos e ouvimos, para que vocês estejam unidos conosco, assim como nós estamos unidos com o Pai e com Jesus Cristo, o seu Filho".

- 1Cor 11,26 – "Cada vez que vocês comem deste pão e bebem deste cálice, estão anunciando a morte do Senhor, até que ele venha".

- "Possamos, ó Deus onipotente, saciar-nos do pão celeste e inebriar-nos do vinho sagrado, para que sejamos transformados naquele que agora recebemos" (*Missal Romano*, Oração depois da comunhão, 27. Domingo do Tempo Comum).

Vivência

1. Que cada pessoa traga algo de comer ou beber para partilhar com os demais. Disponham tudo em cima da mesa com toalha e, se possível, também com flores.

2. Façam uma oração, agradecendo a Deus pelos alimentos. E/ou cantem: "Benze a Deus! Quanta comida na mesa! Obrigado/a, Senhor, por estes dons! Que beleza!".

3. Sirvam-se uns aos outros, realizando cada gesto conscientemente, com atenção à pessoa a quem estão servindo.

4. Prestem atenção a cada alimento e bebida oferecidos: a forma, as cores, o cheiro... Comam e bebam saboreando, agradecidos.

5. No final, uma pessoa termina esta pequena partilha com um pedido a Deus, em nome de todos os presentes, para que esse momento os ajude a continuar sua missão com alegria...

VII. A mística do silêncio

Na cultura atual, o barulho domina os ambientes domésticos e sociais. É muito comum as pessoas conversarem tendo o rádio e a televisão ligados... O silêncio está se tornando uma raridade. No entanto, necessitamos do silêncio tanto quanto de bebida e comida, da companhia e da palavra. O silêncio leva ao encontro com nós mesmos, com a profundidade de nosso ser. Também os momentos mais fecundos de nossos diálogos e de nossos encontros interpessoais geralmente estão banhados em silêncio. Silêncio de partilha, silêncio amoroso, silêncio de perplexidade... Há momentos em nossa vida e em nossa convivência social em que as palavras e os gestos são insuficientes, ou até inconvenientes ou inadequados. Momentos em que só cabe o silêncio.

Também na liturgia o silêncio é indispensável. Vem possibilitar e completar a revelação do Senhor na assembléia, na palavra e nos gestos sacramentais. Ele vem! Por isso, antes de tudo, necessitamos criar em nós um *silêncio de atenção*, cessando nossa agitação exterior (olhares curiosos e dispersos, mãos e pés agitados) e nossa tagarelice interior (o tumulto de nossos pensamentos, sentimentos, desejos). É este o tipo de silêncio que devemos ir criando antes de iniciar a celebração, prestando atenção à nossa respiração, nos concentrando, aquecendo o desejo de nosso coração para o encontro com o Senhor. Portanto, não cabem nesse momento o ruído dos instrumentos sendo afinados, nem o teste dos microfones, nem o vai-e-vem afobado ou nervoso dos ministros. Um refrão meditativo prolongado ou o toque meditativo de um instrumento musical (órgão ou teclado, violão, viola, tambor, flauta) poderão nos ajudar a encontrar nosso silêncio de atenção à vinda do Senhor. Também no início da liturgia da Palavra e da liturgia eucarística convém criar este mesmo tipo de silêncio.

Há um *silêncio que permeia* a palavra proclamada e a ação ritual sendo executada. Afinal, é preciso tecer cuidadosamente os laços entre Deus e seu povo; colocar as peças de uma ponte para que a ação de Deus nos atinja. Isto requer tempo e cuidado. Leituras proclamadas às pressas, orações precipitadas, inconscientes, irrefletidas, impensadas, não sentidas, gestos litúrgicos realizados sem unção deixam de ser instrumentos de comunicação com o mistério. Apenas produzem ruídos; não são capazes de atingir, mover e transformar nossas mentes e corações. O segredo consiste na constante atenção orante de todos os ministros envolvidos na celebração em todos os momentos, mesmo quando não é sua vez de atuar. Atenção a que ou a quem? Atenção ao Senhor que se manifesta na ação ritual e atenção a cada pessoa ali presente.

Há ainda um *silêncio de comunhão, de intimidade* que vem no prolongamento da palavra e da ação ritual: depois das leituras, da homilia, da comunhão. Que cesse a palavra, que cesse o pensamento, o planejamento... Trata-se apenas de mergulhar inteiramente, de estar presente por inteiro na presença do Senhor, em sua intimidade, deixando que venha nos transformar com seu Espírito, de acordo com a Palavra anunciada, de acordo com a ação litúrgica celebrada.

Para trocar idéias

1. Por que o silêncio é tão importante na liturgia?

2. De que modo o texto acima me ajuda a viver melhor o silêncio na liturgia?

3. O que podemos fazer para melhorar a vivência do silêncio em nossas celebrações?

Para meditar

- Hab 2,20 – "O Senhor está no seu santo templo: que todos se calem em sua presença, terra inteira!".

- Ap 8,1-4 – "Quando o Cordeiro quebrou o sétimo selo, houve silêncio no céu por mais ou menos meia hora. Então, vi os sete anjos que estavam de pé diante de Deus, e eles receberam sete trombetas. Outro anjo veio com um vaso de ouro no qual se queima incenso e ficou de pé ao lado do altar. Ele recebeu muito incenso para juntar com as orações de todo o povo de Deus e oferecê-lo no altar de ouro que está diante do trono. E das mãos do anjo que estava diante de Deus subiu a fumaça do incenso queimado, junto com as orações do povo de Deus".

- Santo Inácio de Antioquia, séc. II – "Melhor é calar-se e ser, do que falar e não ser. [...] Um só é o Mestre que 'disse e foi feito'; mas também é digno do Pai o que ele fez em silêncio. O que possui a palavra de Jesus é capaz de perceber também o seu silêncio e chegar à perfeição, agindo segundo a sua palavra e fazendo-se reconhecer pelo seu silêncio".[17]

Vivência

1. Cantem um refrão meditativo por um bom tempo, criando um ambiente de oração. Por exemplo: "O nosso olhar se dirige a Jesus, o nosso olhar se mantém no Senhor" ou "Confiemo-nos ao Senhor, ele é justo e tão bondoso; confiemo-nos ao Senhor, aleluia!" ou "Indo e vindo, trevas e luz: tudo é graça, Deus nos conduz!".

2. Fiquem em silêncio por outro bom tempo, inclusive sem se mexer, podendo retomar no ouvido do coração o refrão meditativo, ou simplesmente prestando atenção à respiração, na alegria da presença do Senhor.

3. Terminem com um toque de instrumento ou retomem o refrão meditativo apenas murmurando, de boca fechada.

---

[17] In: ANTOLOGIA LITÚRGICA; textos litúrgicos, patrísticos e canônicos do primeiro milênio. Fátima (Portugal), Secretariado Nacional de Liturgia, 2003, n. 223.

VIII. A mística do tempo próprio para celebrar

Embora qualquer tempo seja tempo para orar e celebrar, há tempos especiais, estabelecidos pela tradição.

A mais antiga tradição litúrgica fala do *domingo* (Dia do Senhor, dia da ressurreição de Jesus) como dia da reunião dos discípulos e discípulas de Jesus para celebrar sua memória. As outras festas e tempos, formando o *ano litúrgico* (ciclo natalino, ciclo pascal, tempo comum), foram organizados pouco a pouco.[18] Ao longo do ano, oferecem-nos textos bíblicos, salmos e outros cantos, orações e prefácios que nos ajudam a aprofundar e assimilar o que Cristo significa para nós. Cada tempo ou festa litúrgica tem sua espiritualidade específica e realiza em nós com sua força sacramental uma característica de Jesus, um de seus "mistérios": no Advento, a alegre e confiante expectativa da vinda do Reino; no Natal, a proximidade do Deus-Conosco, que se manifestou fazendo-se um de nós; na Quaresma, a conversão pascal; no Tríduo e no Tempo Pascal, a fé e a certeza da vitória que vem do amor incondicional de Deus, revelado na cruz de Cristo; no Tempo Comum, com um ciclo de três anos do lecionário dominical, o seguimento de Jesus, passo a passo,

---

[18] Leiam mais sobre o assunto: BARROS, Marcelo e CARPANEDO, Penha. *Tempo para amar;* mística para viver o ano litúrgico. São Paulo, Paulus, 1997.

em sua caminhada missionária; nas festas dedicadas a Maria, aos mártires e a outros santos, a fidelidade, o testemunho, a santidade, a vivência das bem-aventuranças. Assim, dia a dia, semana após semana, ano após ano, vamos sendo "moldados", transformados, pela celebração dos mistérios de Cristo.

A cada dia, no amanhecer e no pôr-do-sol, somos convidados a celebrar a "liturgia das horas": cantar os louvores do Senhor e interceder pelo mundo inteiro, juntando nossa voz à voz de Cristo e do Espírito nos *ofícios da manhã e da tarde (ou noite)*. O sol nascente é símbolo da ressurreição de Cristo e de nossa ressurreição nele; o sol poente nos lembra a morte de Cristo na cruz, nossa própria morte, convidando-nos a colocar nossa vida nas mãos do Pai, com toda confiança, como Cristo fez. Um *ofício de vigília*, celebrado aos sábados à noite, faz parte da celebração do domingo e ressalta sua característica pascal. De velas acesas na mão, cantando salmos e meditando textos bíblicos, louvando e suplicando, somos um povo vigilante que aguarda a vinda do Senhor para entrar com ele para a festa, como o faziam as moças previdentes da parábola (Mt 25,1-13). Em meio às dificuldades da vida, nossa esperança é alimentada pela promessa da vinda do Reino, do mundo novo, justo e fraterno. Muitas comunidades já se familiarizaram com esta liturgia das horas, principalmente em sua forma inculturada, o *Ofício Divino das Comunidades*,[19] que junta a tradição das comunidades cristãs primitivas com a piedade popular e ainda com a espiritualidade da caminhada da libertação. Por meio destes ofícios, celebrados em comunidade, ou às vezes a sós (em casa, a caminho do trabalho ou de volta para casa...), o Senhor nos alimenta com sua Palavra.

---

[19] Leiam mais sobre o *Ofício Divino*: 1) Introdução do próprio livro do *Ofício Divino das Comunidades*, citado acima; 2) CARPANEDO, Penha. O louvor de Deus na boca do povo, *RL* 178: 4-9, jul./ago. 2003; 3) CARPANEDO, Penha. "O *Ofício Divino das Comunidades*, uma proposta de inculturação da liturgia das horas", Dissertação de mestrado, Centro de Liturgia da Pontifícia Faculdade de Teologia N. Sra. da Assunção, São Paulo, 2002; 4) CARPANEDO, Penha. *Ofício Divino das Comunidades*, São Paulo, Paulinas, em preparação (Col. Rede Celebra); 5) BUYST, Ione. Liturgia das Horas (Ofício Divino). In: BUYST, Ione & SILVA, José Ariovaldo. *O mistério celebrado;* memória e compromisso. Valencia (Espanha)/São Paulo, Siquem Ediciones/Paulinas, 2004 (Col. LBT, Livros Básicos de Teologia, 10); 6) Ofício Divino da Juventude, 2004; 7) BUYST, Ione; VELOSO, Reginaldo; CARPANEDO, Penha. *Ofício divino de adolescentes e crianças*. São Paulo, Paulus, 2005. Não deixem de ver o vídeo *Ofício divino das comunidades,* Verbo-Filmes/Rede Celebra, 2003.

Para trocar idéias

1. Quais são os "tempos" e "dias" mais importantes para celebrar o mistério pascal de Jesus Cristo?

2. Qual é a espiritualidade própria de cada um destes tempos e como nos ajudam a nos tornar mais "conformes" a Jesus Cristo?

3. O que celebramos nos ofícios da manhã, da tarde e da noite?

Para meditar

- Prefácio dos domingos do Tempo Comum, IX (Dia do Senhor) – "Na verdade, é justo e necessário, é nosso dever e salvação dar-vos graças e bendizer-vos, Senhor, Pai santo, fonte da verdade e da vida, porque, neste domingo festivo, nos acolhestes em vossa casa. Hoje, vossa família, para escutar vossa Palavra e repartir o pão consagrado, recorda a ressurreição do Senhor, na esperança de ver o dia sem ocaso, quando a humanidade inteira repousará junto de vós. Então, contemplaremos vossa face e louvaremos sem fim vossa misericórdia...".

- Sl 92(91) – "Como é bom agradecer, e tocar em teu louvor, de manhã e pela noite, proclamar o teu amor, celebrar com violões, os teus feitos, ó Senhor!" (ODC, p. 117).

Vivência

Dependendo do tempo litúrgico ou do momento do dia (manhã, tarde, noite) em que estão reunidos:

1. Escolham um símbolo próprio daquele tempo ou momento e o coloquem no centro das pessoas reunidas;

2. Cantem uma música própria deste tempo ou momento;

3. Partilhem: Como este tempo ou momento me ajuda a ficar mais "ligado" com Jesus Cristo e assumir minha missão de cristão ou cristã?

4. Terminem com uma oração espontânea que uma pessoa poderá fazer em nome de todo o grupo.

IX. O desafio[20]

Depois de séculos de uma espiritualidade desligada da liturgia, centrada no indivíduo, situação agravada mais ainda pela cultura do individualismo e do "cada um por si" na qual vivemos imersos hoje, tem sido difícil, para nós, voltar a uma espiritualidade comunitária do encontro com Deus na reunião litúrgica da comunidade. É preciso uma verdadeira conversão e um novo aprendizado! Há três pontos essenciais que estão em jogo: 1) devemos passar de um conceito psicológico de espiri-

---

[20] Outros textos relacionados: BUYST, Ione. *Liturgia, de coração*. São Paulo, Paulus, 2003; BUYST, Ione. Espiritualidade litúrgica. In: *Revista de Cultura Teológica*. Centro Universitário Assunção, jun. 2003.

tualidade (espiritualidade como motivação) para um conceito teológico (espiritualidade como vida no Espírito de Jesus Cristo); 2) é preciso passar de uma espiritualidade individualista para uma espiritualidade vivida comunitariamente; 3) devemos redescobrir a "dobradinha" espiritualidade-corporeidade, própria da estrutura sacramental da revelação cristã e, portanto, também da liturgia.[21] Ou seja, na liturgia, o Espírito vem e nos transforma enquanto participamos dela (ativa, exterior e interiormente; consciente, plena e frutuosamente; pessoal e comunitariamente...) como ação simbólica e ritual. É o Espírito do Cristo Ressuscitado. Fomos mergulhados nele no batismo, ungidos com ele na confirmação. A cada liturgia da Palavra, o Espírito está pronto para nos fazer compreender o texto bíblico como uma palavra viva de Deus para nós hoje; quer aquecer nosso coração, assim como fez com os dois discípulos de Emaús; suscita uma resposta a Deus na oração e no compromisso com o Reino. Toda vez que celebramos a ceia do Senhor, o Espírito Santo aí está para fazer de nós um só Corpo em Cristo, ao partilharmos e comermos do pão e bebermos juntos o vinho eucarístico. Quando cantamos o *Ofício Divino*, é ele que faz o Cristo cantar em nós, louvar a Deus e colocar diante dele as necessidades do mundo inteiro.

Para que isso aconteça, no entanto, outras três atitudes são necessárias: 1) que os ministros e ministras que conduzem a

---

[21] Leiam mais sobre o assunto: BUYST, Ione. "Alguém me tocou!", sobre a sacramentalidade da liturgia na *Sacrosanctum Concilium* (SC), Constituição conciliar sobre a Sagrada Liturgia. *Revista de liturgia*, São Paulo, *176*: 4-9, mar./abr. 2003. Texto semelhante em: BUYST, Ione. Sacramentalidade da liturgia na *Sacrosanctum Concilium* (SC), Constituição conciliar sobre a Sagrada Liturgia. In: CNBB, Dimensão litúrgica. *Seminário Nacional em comemoração aos 40 anos da Constituição sobre a Sagrada Liturgia*. São Paulo, 10-13, mar. 2003.

liturgia saibam fazer acontecer *liturgias espirituais*, banhadas em uma relação mística; 2) que cada um e cada uma aprenda a *participar espiritualmente*, e não apenas *corporalmente* ou *psicologicamente* das celebrações; 3) que levemos muito a sério a *formação espiritual-litúrgica*, em todos os espaços eclesiais: na catequese de crianças, jovens e adultos, na formação dos ministros e ministras, principalmente na preparação das equipes de liturgia, utilizando métodos já provados, como leitura orante da Bíblia e dos textos litúrgicos, meditação litúrgica com hinos, salmos e cânticos, "laboratório litúrgico",[22] vivências. Em tudo isso, devemos deixar-nos guiar pelo Espírito, superando não só o formalismo e a frieza no relacionamento com Deus e com os irmãos e irmãs, mas também as emoções fáceis e superficiais. Afinal, aonde o Espírito quer nos levar? Na mudança pascal de nossas vidas, no seguimento de Jesus Cristo, na continuidade da missão, na organização dos pobres, fortalecendo sua união e suas lutas por cidadania, por participação na Igreja e na sociedade, rumo ao Reino de Deus.

Entendida dessa forma, a liturgia da comunidade é a fonte da qual juntos bebemos a água viva que Cristo nos oferece (cf. Jo 4,7-14), uma água que jorra para a vida eterna; jorra do alto da cruz (Jo 19,31-37; Jo 7,37-39) e do trono de Deus e do Cordeiro (Ap 22,1-2) e vem para dar vida a todas as nações. Bebam desta fonte vocês também!

---

[22] ORMONDE, Domingos. Laboratório litúrgico: o que é, como se faz, por quê? *RL São Paulo*, 20 (122): 34-5, mar./abr. 1994. Também In: CENTRO DE LITURGIA, Faculdade de Teologia Nossa Senhora da Assunção. *Formação litúrgica*; como fazer? São Paulo, Paulus, 1994, pp. 36-41; BARONTO, Luiz Eduardo P. *Laboratório Litúrgico, pela inteireza do ser na vivência ritual*. São Paulo, Ed. Salesiana, 2000.

Para trocar idéias

1. De que maneira o Espírito Santo nos transforma e renova constantemente, nas celebrações litúrgicas, em seguidores fiéis de Jesus Cristo?
2. Isto está acontecendo em nossa comunidade? Sim? Não? Por quê? O que podemos melhorar?

Para meditar

- Jo 7,37-39 – "Naquele dia, Jesus se pôs de pé e disse bem alto: 'Se alguém tem sede, venha a mim e beba. Como dizem as Escrituras Sagradas: rios de água viva vão jorrar do coração de quem crê em mim'. Jesus estava falando a respeito do Espírito Santo, que aqueles que criam nele iriam receber".

- Jo 19,34-35 – "Um dos soldados furou o lado de Jesus com uma lança. No mesmo instante saiu sangue e água. Quem viu isto contou o que aconteceu, para que vocês também creiam".

- Ap 22,1-2.16a-17 – "O anjo me mostrou o rio da água da vida, brilhante como cristal, que sai do trono de Deus e do Cordeiro e que passa no meio da rua principal da cidade. Em cada lado do rio está a árvore da vida, que dá doze frutos por ano, isto é, uma por mês. E as suas folhas servem para curar as nações. [...] Eu, Jesus, enviei o meu anjo para anunciar essas coisas a vocês nas igrejas. [...] O Espírito e a Noiva dizem: Venha! Aquele que tem sede venha. E quem quiser receba de graça da água da vida".

Vivência

1. Partilhem: algum momento privilegiado no qual viveram a liturgia profunda e espiritualmente, fazendo com que a graça de Deus "regasse" suas vidas e lutas diárias a serviço do Reino de Deus. Digam: quando foi, onde, como aconteceu e o que ajudou para que acontecesse esse momento abençoado?

2. No final, cantem com Maria: "Minh'alma engrandece a Deus meu Senhor, meu espírito se alegra em Deus meu Salvador..." (ou outra versão do cântico de Maria, ODC, pp. 237-241).

Anexo

Os quatro passos do método da leitura orante

Uma breve introdução[23]

A *leitura orante* nada mais é do que a maneira como gerações e gerações de judeus e cristãos leram as Sagradas Escrituras, procurando nelas uma palavra do Deus vivo para sua vida, em cada momento de sua história pessoal, comunitária e social.

Trata-se de uma leitura feita em clima de diálogo com o Senhor, em clima de oração, prestando atenção tanto ao texto bíblico quanto à realidade atual. O lugar privilegiado deste diálogo com o Deus vivo é a comunidade reunida em assembléia litúrgica (liturgia da Palavra). Mas pode ser preparado e prolongado com a leitura individual.

A leitura orante não é possível sem a orientação do Espírito Santo. Por isso, invocamos sua ajuda, antes de iniciá-la. E nunca nos esquecemos de que no centro de toda a nossa compreensão, seja da Bíblia seja da realidade atual, está Jesus Cristo. Ele é o caminho, a verdade e a vida.

---

[23] Cf. BUYST, Ione. *Cristo ressuscitou;* meditação litúrgica com um hino pascal. São Paulo, Paulus, 1995. (Col. Liturgia e Teologia). pp. 173-175.

Depois de muitos séculos de esquecimento, as comunidades agora estão redescobrindo o valor e a importância do método da leitura orante. O Concílio Vaticano II o recomendou (*Dei Verbum*, 25), os monges e monjas o retomaram com mais força e a Igreja dos pobres no Brasil tem boa parte do caminho andado na leitura popular da Bíblia. Recentemente, a CRB (Conferência Nacional dos Religiosos) propôs um aprofundamento, uma atualização e retomada do método (Coleção "Tua Palavra é vida").

Os quatro "passos" da leitura orante

Antes da leitura, é importante que nos *recolhamos e peçamos* humildemente a ajuda do Espírito Santo.

A leitura orante supõe participação na *comunidade* e nos trabalhos (*missão*) que ela faz dentro e fora da Igreja.

1º passo: LER

- *Ler* e *reler* o texto, baixinho e em voz alta; escutar o texto (alguém está falando!).

- *Prestar atenção* a cada palavra, às idéias, às imagens, ao ritmo, à melodia.

- *Tentar entender o texto* (no contexto em que foi escrito).

- Se for possível, recorrer também a um bom comentário de um biblista.

2º passo: *MEDITAR*

- *Repetir* o texto (ou parte dele) com a boca, a mente e o coração; não "engolir" logo o texto, e sim mastigá-lo, "ruminá-lo", tirando dele todo o seu sabor; não ficar só com as idéias que contém, mas deixar que as próprias palavras mostrem sua força; aprender de cor (= de coração!) pelo menos uma parte do texto.

- Penetrar no texto, interiorizá-lo; compreendê-lo, *interpretá-lo* a partir de nossa realidade; *identificarmo-nos com ele*: perceber como o texto expressa nossas próprias experiências, sentimentos e pensamentos. Principalmente no caso dos salmos, estas experiências podem ser entendidas também como se referindo a Jesus, o Cristo.

- Trata-se de *atualizar* o texto: perceber como ele acontece *hoje*, em nossa realidade pessoal, comunitária e social; perceber qual a palavra que o Senhor poderá estar nos dizendo...

3º passo: *ORAR*

- Deixar brotar de dentro do coração tocado pela Palavra uma resposta ao Senhor. Dependendo da leitura e da meditação feitas, poderá ser uma resposta de admiração, louvor, agradecimento, pedido de perdão, compromisso, clamor, pedido, intercessão...

4º passo: *CONTEMPLAR*

- A Bíblia não usa o verbo contemplar e, sim, *escutar*, conhecer, ver. Trata-se de *saborear*, "curtir" a presença de Deus, o jeito de ele ser e agir, o quanto ele é bom e o quanto faz por nós. Supõe uma entrega total na fé. Passa necessariamente pelo conhecimento de Jesus Cristo ("Quem me vê, vê o Pai!"), que se encontra do lado dos pobres.

Na liturgia, durante o canto de um salmo ou de um hino, estes quatro "passos" acontecem praticamente ao mesmo tempo. Os dois primeiros dependem mais de nossa vontade, de nossa atenção; os dois últimos dependem mais da graça de Deus, do Espírito Santo que trabalha em nós.

Assim diz Guigo, o cartuxo:

- "A leitura procura, a meditação encontra,
a oração pede, a contemplação experimenta.

- A leitura leva o alimento à boca,
a meditação mastiga e tritura,
a oração saboreia,
a contemplação é a própria doçura que alegra e refaz a gente.

- A leitura fica na casca,
a meditação penetra na polpa,
a oração procura, cheia de desejo,
a contemplação goza da doçura conseguida."

Assim diz a *Instrução geral sobre a liturgia das horas*:

"Quem salmodia sabiamente, percorre com a meditação verso por verso, sempre preparado em seu coração para responder, como requer o Espírito que inspirou o salmista e moverá também os devotos preparados para receber sua graça. Por isso, a salmodia [...] deve-se desenvolver com gozo da alma e com doçura da caridade, tal como corresponde à poesia sagrada e ao canto divino e mais ainda à liberdade dos filhos de Deus" (104).

"Quem salmodia não o faz tanto em seu próprio nome, mas em nome de todo o corpo de Cristo, e ainda na pessoa do próprio Cristo" (108).

Impresso na gráfica da
Pia Sociedade Filhas de São Paulo
Via Raposo Tavares, km 19,145
05577-300 - São Paulo, SP - Brasil - 2018